Südkorsika ist unbestritten ein beliebtes Urlaubsziel; in den französischen Sommerferien kann es da in den malerischen Gassen der Hafenstädte (allen voran in Bonifacio) schon mal ganz schön eng werden. Doch wer im Frühjahr oder Herbst die Insel besucht, wird von alledem nichts spüren.

2800 Sonnenstunden im Jahr, Wassertemperaturen zwischen 24 °C im Hochsommer und 20 °C im Oktober, blendend weiße Sandstrände, bizarre Felsformationen, kleine Inseln, türkisblaues, klares Wasser mit einer farbenprächtigen Meeresfauna – nicht von ungefähr werden die südkorsischen Strände immer wieder mit der Karibik verglichen.

Der Reiz Korsikas liegt in der unmittelbaren Nähe von Meer und Hochgebirge, von kosmopolitischer Hafenatmosphäre und Geschichte und Tradition in den alten korsischen Bergdörfern der Alta Rocca oder der Sartenais, wo sich scheinbar seit Jahrhunderten nicht viel verändert hat und alles seinen gewohnten Gang geht.

Ihr Aktiv Guide informiert

Das ist typisch

Ausflug in die korsische Bergwelt / Découverte des montagnes corses

KOMPASS Highlights

Die Kreideküste von Bonifacio / La côte de craie de Bonifacio

Hier sind Sie richtig

Bogenbrücke im Osten der Insel / Les ponts en arc à l'Est de l'île

KOMPASS

Korsika Süd/Corse du Sud

2251

Mit Weitwanderweg GR20

Avec Grande Randonnée GR20, Mare a Mare Centre, Mare e Monti Sud, Mare a Mare Sud

Aktiv Guide

+ Die Kreidefelsen von Bonifacio
+ Die Bergdörfer der Alta Rocca

+ La côte de craie de Bonifacio
+ Les villages de montagne de l'Alta Rocca

www.kompass.de

Wandern und wohlfühlen

gsk

1. Sanft und effektiv

Wandern gehört zu den sanften Ausdauersportarten. Die gleichmäßige Bewegung verbessert die Ausdauer, trainiert die Muskeln und stabilisiert die Bänder. Sportlich aktiv sein und gleichzeitig die Gelenke schonen – das ist kein Widerspruch.

2. Langsam loslegen, dann durchstarten

Beim Wandern geht es nicht darum, als erster das Gipfelkreuz zu erreichen, sondern den Weg dorthin zu genießen. Sie dürfen dabei ruhig etwas ins Schwitzen kommen. Können Sie sich bei der Wanderung entspannt mit Ihrem Nachbarn unterhalten, haben Sie das richtige Tempo gewählt.

3. Geschafft, aber glücklich

Nach Ihren ersten Wanderungen werden Sie sicher die ungewohnte Anstrengung im Körper spüren. Kein Wunder: Ihre Knochen, Muskeln und Bänder müssen sich erst an die neue Belastung gewöhnen. Gönnen Sie Ihrem Körper ein bisschen Erholung, bevor Sie wieder zu den Wanderschuhen greifen.

Generell gilt: Etwas Muskelkater nach einer Wanderung kann vorkommen, doch Schmerzen, z. B. in den Gelenken, sind ein Warnsignal des Körpers. Hier kann Voltaren Schmerzgel forte® helfen. Es wirkt gezielt und ohne Umwege bis zu zwölf Stunden lang. Damit ist es ideal zur Behandlung von akuten Gelenkschmerzen.*

* Infolge stumpfer Traumen, z. B. Sport- und Unfallverletzungen.

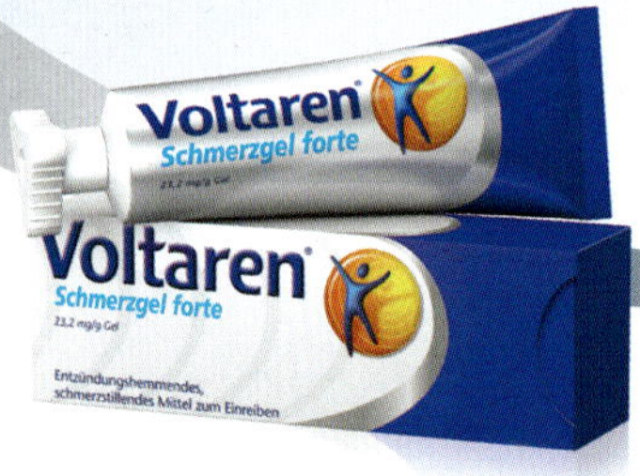

Voltaren

WIEDER FREUDE AN BEWEGUNG

Was für Nordkorsika die Calanche de Piana ist, sind für den Süden die berühmten weißen Kreideklippen und die fjordartigen Einschnitte rund um Bonifacio. Und zu Recht zählen die weißen Strände von Santa Giulia und Palombaggia bei Porto-Vecchio zu den schönsten der Insel.

Wer die Möglichkeit hat, im Frühjahr auf die Insel zu reisen, wird mit einem betörenden Duft und bunten Farben beim Wandern durch die Macchia belohnt. Zistrosen, Ginster, Weißer Affodil, Mastixstrauch, Myrte und Wacholder zählen neben stark duftenden Kräutern zu den klassischen Vertretern der niederen Macchia. Zu den höheren Pflanzen der Macchia gehören die Korkeiche, die Stieleiche und der Erdbeerbaum. Wer noch höher hinaufsteigt, wird auf die bis zu 40 m hohe, oft windzerzauste Laricokiefer (Korsische Schwarzkiefer) stoßen, die zwischen 700 und 1800 m wächst. Auf dem Plateau de Coscione findet man zudem ausgedehnte Buchenbestände. Eukalyptus wurde im 19. Jh. zum Trockenlegen von Sümpfen gepflanzt, u. a. bei Ajaccio und in den sumpfigen Ebenen der Ostküste.

Parc Naturel Régional de la Corse

Rund 40 % Korsikas liegen im Regionalen Naturpark Korsika (Parcu di Corsica), das entspricht einer Gesamtfläche von 3500 km^2. Zu den landschaftlichen Sehenswürdigkeiten im Süden zählen u. a. der Forêt de l'Ospédale, der Forêt de Bavella, die Region Alta Rocca, das obere Gravona-Tal und der Forêt de Vizzavona. Fischadler, Steinadler, Papageientaucher, Bartgeier und Kormorane sind hier ebenso beheimatet wie Mufflons. Der Park schützt die typischen Pflanzen der Macchia, aber auch die oberhalb von 1500 m wachsenden Korsischen Schwarzkiefern.

www.parc-corse.org

Steckbrief Korsika
Entfernung zum Festland: 180 km (Nizza), 83 km (Livorno), 12 km (Capo Testa auf Sardinien)
Länge: 183 km
Breite: (max.) 83 km
Fläche: 8680 km^2
Höchster Berg: Monte Cinto (2706 m)
Küstenlinie: 1047 km
Anteil Gebirge: 86 %
Einwohner: 322.120 Einw. (2013)
Hauptstadt des Dep. Corse-du-Sud (Südkorsika): Ajaccio

Alta Rocca

Für viele ist die 500 km^2 große Mittelgebirgslandschaft im zentralen Süden eine der schönsten der Insel, vor allem aufgrund der landschaftlichen Vielfalt (markante Felsgipfel, karge Hochweiden, Macchia, Eichen- und Kiefernwälder, uralte Oliven- und Kastanienhaine, Bergbäche), die man am besten zu Fuß erkundet. Im Westen dominieren Eichenwälder, im Osten die Pins Maritimes (Strandkiefern); Laubwälder und Olivenbäume prägen das Tal des Rizzanese. Imposante Kulisse im Nordosten sind die Aiguilles de Bavella am Col de Bavella. Ihren Namen („hohe Felsen“) verdankt die Region dem Adelsgeschlecht der Della Rocca. Dank der Höhe zwischen 1000

KOMPASS HIGHLIGHT

Die Bergdörfer der Alta Rocca
Nicht nur die Landschaft der Alta Rocca ist einzigartig, auch der Besuch der teilweise noch sehr traditionellen Bergdörfer lohnt sich. In vielen dieser Orte findet man noch turmhohe befestigte Häuser (*case torri*), die Wohnhäuser einst mächtiger Adelsfamilien. Da die Winter im Gebirge kalt sind, haben die meisten Häuser lediglich schmale Fenster, um so die kalten Winterstürme abzuhalten. Im Sommer sind die Gebäude durch dicke Wände einigermaßen gut gegen die Sommerhitze geschützt.

Zonza, Quenza (mit der Chapelle Sainte-Marie, um 1000 erbaut), Sainte-Lucie de Tallano (mit turmartigen Häusern, dem Couvent St-François, 1492, und einer Ölmühle) und Fossano (mit Wohntürmen) sind nur einige der Dörfer, die man zu Fuß oder mit dem Auto besuchen sollte.

und 1800 m herrscht hier meist ein angenehmes Klima. Der Wanderweg Mare a Mare Sud durchquert die Alta Rocca, alternativ lassen sich die urigen Bergdörfer auch im Rahmen von Tageswanderungen auf den Sentiers de l'Alta Rocca erkunden. Eine Welt für sich sind die Hochweiden und die *bergeries* (Schäfereien) des **Plateau du Cuscione (Pianu di u Cuscione)**, des größten Hochplateaus der Insel. Schweine, Pferde, Rinder und Ziegen teilen sich hier die grünen Weiden. Typisch sind die vielen Wasserlöcher (*pozzine* oder *pozzi*), die durch kleine Wasserläufe verbunden sind.
www.alta-rocca.com

Massif de Bavella
Im Bavella-Massiv mit seinen markanten roten Granitnadeln und -felsen endet der zentrale Gebirgszug, der Korsika von Norden nach Süden durchzieht. Sein Wahrzeichen sind die sieben Felsnadeln der Aiguilles de Bavella (1588 bis 1848 m), die die Alta Rocca im Norden begrenzen. Der GR20 verläuft südlich an den Spitzen vorbei, eine alpine Variante führt zu den Türmen hinauf. Zu den geologischen Besonderheiten zählt das Trou de la Bombe, ein natürliches Loch in einer Felswand mit einer fantastischen Aussicht. Rund um die Bergspitzen erstreckt sich zwischen 500 und 1300 m der Forêt de Bavella: Hier wachsen mächtige Laricokiefern (Schwarzkiefern) sowie Zedern, Kastanienbäume und Tannen, die teilweise nach verheerenden Waldbränden neu gepflanzt wurden. Viele der Kiefern sind vom Wind zerzaust und attraktive Fotomotive. Vom Col de Bavella (1218 m), den man über die schmale D 258 erreicht, hat man die beste Sicht auf die Aiguilles de Bavella.

Îles Sanguinaires

Als Fortsetzung der Halbinsel Parata am Nordwestende des Golfe de Ajaccio ziehen sich vier kleine felsige Porphyrinseln ins Meer hinein, die bei Sonnenuntergang in stimmungsvollem Rot leuchten. Rund 30 km fährt man auf der Route des Sanguinaires von Ajaccio zur **Halbinsel Pointe de la Parata**, 20 Min. sind es dann zu Fuß bis zum genuesischen Wachturm Tour de la Parata (1550–51), von dem aus man den schönsten Blick auf die Inselgruppe genießt. Ein Leuchtturm und der Wachturm Tour Castelluccio stehen auf der größten Insel des Archipels, **Grand Sanguinaires (Mezzu Mare)**, die als einzige einmal zeitweise bewohnt war (Quarantäne-Lazarett für Korallenfischer aus Afrika, 1806). Der

Pointe de la Parata und Îles Sanguinaires / La Pointe de la Parata et les Îles Sanguinaires

auf dem höchsten Punkt der Insel (80 m) errichtete Leuchtturm (1870) warnt die Schiffe vor den vielen Riffen an der Nordwestspitze der Insel. Alle vier Inseln stehen unter strengem Naturschutz, allein auf Mezzu Mare leben 150 verschiedene Tierarten. Schöne Vorschläge für Spaziergänge und Wanderungen finden sich auf folgender Website: *www.parata-sanguinaires.com*

Die Firma **SARL Découvertes Naturelles** in Ajaccio darf als einziges Unternehmen Besucher über Mezzu Mare führen, rund 1 Std. dauert der Spaziergang zum Leuchtturm, unterwegs wird über Flora, Fauna und Geschichte informiert. *www.promenades-en-mer.org*

Les Falaises de Bonifacio

Die strahlend weißen Kreidefelsen von Bonifacio zählen zu den Wahrzeichen Korsikas; die bis zu 75 m hohen Klippen erstrecken sich über insgesamt 30 km. Sie sind durchsetzt mit unzähligen Höhlen, Hohlräumen, Grotten und Calanques (fjordartige Einschnitte). Bei Bonifacio hat man gleich zwei Möglichkeiten, sich die Kreidefelsen aus der Nähe anzuschauen: Von der Altstadt führt die 187 Stufen lange Treppe **L'escalier du Roi d'Aragon** hinunter an den Fuß der Felsen. Lohnenswert sind auch die in den Fels geschlagenen Gänge des **Gouvernail de la Corse** an der Spitze der Halbinsel.

In Bonifacio werden Bootsfahrten zur **Grotte Marine du Sdragonato** mit ihrem mehrfarbigen Seeboden und in die fjordartigen **Calanques** angeboten. Bei guter Sicht ist im Süden jenseits der 12 km breiten Straße von Bonifacio (Bouches de Bonifacio) die Nordspitze Sardiniens zu sehen.

Tafoniverwitterung findet man auch direkt am Meer
Vous trouverez des formations Tafoni directement en bordure de mer

Promenade des Falaises
Fast schon ein Muss ist die Klippenwanderung, die an der Chapelle Saint-Roch am Fuß der Zitadelle beginnt und zum Phare de Pertusato führt. Zunächst heißt es Treppensteigen, um auf das Kreideplateau zu gelangen. Von oben genießt man einen herrlichen Blick auf die Stadt und ihre einzigartige Lage am Meer. Gleich zu Beginn führt der Weg an zwei heruntergebrochenen Felsen vorbei: **Le Grain de Sable** und **La Galère**. Der Sand, Erosionsmaterial der weißen Klippen, ist hier fast schon blendend weiß. Durch Macchia führt der Weg dann am **Signalturm Semaphore de Pertusato** vorbei, der rund 1 km nordwestlich des Leuchtturms steht. Das Capo Pertusato markiert mit seinen 100 m abfallenden Klippen die Südspitze Korsikas. Der für die Schifffahrt wichtige Leuchtturm strahlt dank einer 1000-Watt-Halogenlampe 46 km weit. Unweit des Leuchtturms führt ein Pfad hinunter zur Cala Fiumares.
Gehzeit: insgesamt ca. 3 Std.
Länge: ca. 10 km

KOMPASS HIGHLIGHT

Îles Lavezzi
Der Archipel 10 km südöstlich vor Bonifacio besteht aus über 100 Inselchen und Riffen und wurde 1982 unter Schutz gestellt. Fotogene helle Granitfelsen, ein grün schimmerndes Meer, leuchtend weißer Sand und dunkelgrüne Macchia sorgen für eine unglaubliche Symphonie an Farben. Aus Naturschutzgründen dürfen nur die Inseln Lavezzu, Piramide und Piana betreten werden. Auf **Lavezzu**, an dessen Südende ein Leuchtturm steht, wurden markierte Wanderwege ausgewiesen. Der **Friedhof** erinnert an das schlimmste Schiffsunglück der Region, bei dem 1855 insgesamt 773 Menschen starben. Tagesausflügler können in den Buchten schnorcheln, tauchen und schwimmen. Die einzige bewohnte Insel ist die **Île Cavallo** (außerhalb des Schutzgebietes), Zugang haben nur die Besitzer der Villen und die Gäste der Ferienanlage.
www.reserves-naturelles.org/bouches-de-bonifacio

Cargèse: die wunderschön ausgemalte Église grecque / Cargèse: l'église grecque

nen Salzmarschen wächst heute die Korkeiche, der Kork wird vor allem nach Sardinien exportiert, wo er zu Souvenirs verarbeitet wird.

Die Salinen von Porto-Vecchio
60 ha groß ist das Areal der Salinen unweit der Mündung des Stabiacciu. Zwischen 1795 und 1815 wurde hier ein Fünftel des Inselbedarfs an Salz geerntet, aus dieser Zeit stammt Porto-Vecchios Beiname „Cité du Sel". Die Salinen produzierten Salz in drei Qualitätsstufen. Vor der Schließung der Salinen nutzte man das Salz vor allem zum Salzen der Straßen und zum Chloren von Schwimmbädern, nur ein geringer Teil fand den Weg in die Küche. Geerntet wurde das Salz im Hochsommer, 3 bis 5 cm Rohsalz wurden jeweils vom Boden abgeschabt und anschließend als Körner oder gemahlenes Salz verkauft.

Sartène
Die auf einem Hügel errichtete Stadt (3.420 Einw.) mit einem nahezu perfekt erhaltenen mittelalterlichen Stadtbild verströmt bis heute eine etwas unheimliche Atmosphäre. Auf steilen Granitwänden wurden hohe Stadthäuser errichtet, steile Treppen und enge, verwinkelte Gassen sollten in unsicheren Zeiten vor Überraschungsangriffen schützen. Ab dem 13. Jh. residierte hier das in Südkorsika mächtige Adelsgeschlecht Della Rocca, das erst Anfang des 16. Jhs. von den Genuesern verdrängt wurde. Neben den Belagerungen von außen litt die Stadt aber auch sehr stark unter den Fehden der Familien der Stadt. In den 1830er-Jahren bekämpften sich zwei von ihnen so blutig, dass die Bewohner die Fenster der unteren Stockwerke zumauerten. Die Fenster blieben bis heute verschlossen und sind der Grund dafür, dass viele Stadthäuser einen wehrhaften Charakter haben. In der **Église Sainte-Marie** versuchte man schließlich die verfeindeten Familien zum Abschluss von Friedensverträgen zu ermutigen. Zu den Höhepunkten des

Les Calanches de Piana du Nord de la Corse ont trouvé leur égal dans la partie Sud avec les célèbres rochers de craie blanche et les petits fjords de la région de Bonifacio. Les plages de sable blanc de Santa Giulia et Palombaggia près de Porto-Vecchio font partie des plus belles de l'île.

Les vacanciers du printemps ou de l'automne profiteront d'une odeur séduisante et de nuances multicolores lors de leurs randonnées dans le maquis. Les cistes, genets, asphodèles blancs, lenstiques, myrtes et genévriers font partie des représentants classiques du maquis bas en marge des plantes et herbes très odorantes. Les chênes-lièges, pédonculés et les fraisiers font partie des plantes les plus hautes du maquis. Les adeptes de l'altitude découvriront les pins Laricos pouvant atteindre 40 mètres de hauteur et exposés au vent – appelés pins noirs corses – qui poussent entre 700 et 1.800 m d'altitude. Sur le Plateau de Coscione, vous trouverez également un grand nombre d'hêtres. L'eucalyptus a été planté au 19e siècle pour assécher les marais dans la région d'Ajaccio et les parties marécageuses de la côte Est.

Parc Naturel Régional de la Corse

Près de 40 % de la Corse se trouve dans le parc naturel régional (Parcu di Corsica), soit une surface de 3.500 km². Font partie des curiosités naturelles de la Corse du Sud: la Forêt de l'Ospédale, la Forêt de Bavella, la Région Alta Rocca, la vallée de Gravona ainsi que la Forêt de Vizzavona. Vous y découvrirez des balbuzards pêcheurs, aigles royaux, macareux, gypaètes barbus et cormorans ainsi que des mufflons. Le parc protège les espaces typiques de Macchia ainsi que les pins noirs corses de plus de 1.500 m de hauteur.
www.parc-corse.org

Portrait de la Corse
Eloignement du continent: 180 km (Nice), 83 km (Livorno), 12 km (Capo Testa en Sardaigne)
Longueur: 183 km
Largeur: (max.) 83 km
Surface: 8.680 km²
Point culminant: Monte Cinto (2.706 m)
Route côtière: 1.047 km
Proportion de montagnes: 86 %
Habitants: 310.000 pers.
Préfecture du département de Corse-du-Sud: Ajaccio

Alta Rocca
Nombreux sont ceux qui considèrent les 500 km² de paysage de moyenne montagne qui se trouvent dans la partie centrale de la Corse comme l'un des plus beaux de l'ile, notamment grâce à sa grande diversité (sommets rocheux, prés arides en altitude, maquis, forêts de pins et chênes, haies d'oliviers et chataîgniers, petits ruisseaux de montagne) à découvrir à pied. L'Ouest est dominé par les forêts de chênes, l'Est par les Pins Maritimes ; les forêts de feuillus et oliviers tapissent la vallée du Rizzanese. Les Aiguilles de Bavella au Col de Bavella font partie des plus belles curiosités du Nord-est. La région doit son nom à la vieille famille noble de Della

KOMPASS HIGHLIGHT

Les villages de montagne de l'Alta Rocca
Non seulement le paysage de l'Alta Rocca est unique en son genre mais aussi les petits villages pittoresques qui valent le détour. Dans de nombreux endroits, vous trouverez encore des maisons fabriquées dans des tours (*case torri*) issues de familles nobles et puissantes. Comme les hivers sont froids dans les montagnes, la plupart des maisons disposent de toutes petites fenêtres afin de résister aux tempêtes hivernales. En été, les murs épais des demeures permettent de garder le froid et de se protéger contre les fortes chaleurs.

Zonza, Quenza (avec la Chapelle Sainte-Marie, construite aux alentours de l'an 1000), Sainte-Lucie de Tallano (avec ses maisons-tours, le Couvent St-François, 1492, et un moulin à huile) et Fossano (avec ses tours habitées) font partie des quelques villages accessibles à pied ou en voiture.

Rocca. Grâce à sa hauteur comprise entre 1.000 et 1.800 m, il y règne un climat agréable. Le chemin de randonnée Mare a Mare Sud traverse l'Alta Rocca ; et vous pourrez découvrir les différents villages pittoresques de montagne lors de randonnées sur les sentiers de l'Alta Rocca. Les prés en altitude et les *bergeries* du **Plateau du Cuscione (Pianu di u Cuscione)**, le plus haut plateau de l'île, font office de monde à part. Vous pourrez y côtoyer des cochons, chevaux, boeufs et chèvres. Les nombreux trous d'eau (*pozzine* ou *pozzi*) reliés par de petits cours d'eau font aussi office d'attraction typique.
www.alta-rocca.com

Massif de Bavella
C'est dans le Massif de Bavella, qui se caractérise par ses grands massifs de granit rouge, que se termine la chaîne de montagnes centrale qui relie le Nord au Sud de la Corse. Son emblème: les 7 formations rocheuses des Aiguilles de Bavella (de 1 588 à 1 848 m), qui limitent l'Alta Rocca au Nord. Le GR 20 traverse les sommets du Sud, une autre variante permet de découvrir les tours. Le Trou de la Bombe, un trou naturel dans un mur rocheux jouissant d'un panorama magnifique fait partie des particularités géologiques. La Forêt de Bavella s'étend autour des sommets, entre 500 et 1 300 m d'altitude. Vous y trouverez des pins laricos (pins noirs) et des cèdres, des châtaigniers ainsi que des sapins qui ont été partiellement replantés après d'importants feux de forêts. Un grand nombre de pins sont exposés au vent et permettent de prendre de superbes clichés. Du Col de Bavella (1 218 m), accessible via la D 258 très étroite, vous profiterez d'une vue magnifique sur les Aiguilles de Bavella.

Îles Sanguinaires

Les 4 petites îles rocheuses de porphyre se trouvent dans la continuité de la presqu'île de Parata au Nord-ouest du Golfe d'Ajaccio et créent, au soleil couchant, une lumière rougeâtre très impressionnante. Il faudra rouler pendant 30 km sur la Route des Sanguinaires entre Ajaccio et **la Pointe de la Parata**, puis marcher pendant 20 minutes jusqu'à la Tour de la Parata (1550–51) pour profiter d'un splendide panorama sur les petites îles. Un phare et la Tour Castelluccio se situent sur la plus grande île de l'archipel, **Grand Sanguinaires**

Découvertes archéologiques importantes en Corse du Sud:

KOMPASS HIGHLIGHT

Filitosa
Des menhirs de la préhistoire très impressionnants (certains dotés d'épées et poignards comme la statue Filitosa V), portant des visages en partie humains. Sans oublier les nuraghes des cultures mégalithiques et les tours des torréens.
www.filitosa.fr

Oriu di Canni

Cucuruzzu et Castellu di Capula
Les lieux de culte torréens, bien conservés, se trouvent sur le Plateau Pianu di Levie et ont été habités du 9e au 4e siècle avant JC. Ces fortifications se caractérisaient par l'intégration des falaises existantes. Des blocs des falaises pouvant aller jusqu'à 1 t étaient alors transformés en ces tours et murs imposants. Une statue en menhir est notamment dotée d'une épais longue de 94 cm.

Menhirs et dolmens de Cauria
170 monolithes ont été trouvés, au total, sur le Plateau de Cauria: Les alignements de menhirs de Santari situés entre les vignes et prés se composent de 11 statues sur deux rangées représentant ente autres des combattants armés d'épées. Près de 50 menhirs se trouvent dans l'Alignement de Renagui. Près de 50 menhirs se trouvent dans l'Alignement de Renagui. Le plus célèbre dolmen est celui qui se trouve près du Dolmen de Fontanaccia Il fait 1,6 m de longueur et 1,6 m de hauteur et est recouvert d'une dalle funéraire de 3 t. Toutes les fouilles sont accessibles depuis un parking situé à 10–15 minutes de marche.

Orii
Aux 16e et 17e siècles, les bergers qui quittaient la côte pendant les périodes estivales chaudes, ont construit des espaces de protection et de stockage sous la forme d'abris et dans les cavités dans les Tafoni. Les Oriu di Canni et Oriu di Chera sont faciles à visiter. Ils se trouvent tous les deux à Figari, au Sud de Sotta.

Alignements de Palaggiu
Sous le maquis se cachent plus de 250 menhirs – et seule une partie est visible. Six alignements de menhirs ont été installés dans le sens Nord-Sud, et un dans le sens Est-Ouest.

Castellu d'Araggio
La fortification torréenne se trouve à la lisière de la Forêt de l'Ospedale au-dessus de la baie de Porto-Vecchio. L'édifice a été installé en l'an 2000 avant JC environ et vous impressionnera avec ses murs d'enceinte de 4 m de hauteur et 2 m de largeur, ses bastions, escaliers et restes d'une tour.

Jour 3: Levie – Quenza (4 h., 630 m d'ascension, 570 m de descente)
Le départ est donné au niveau de l'église de Levie. Des pauses sur les sites archéologiques de Cucuruzzu sont à prévoir. Puis, en tourant juste après sur la gauche, vous vous dirigerez vers Mare a Mare Sud, et traverserez le charmant village de Zonza puis continuerez vers Quenza. Arrêt culturel: la vieille chapelle âgée de plus de 1 000 ans. Les personnes ne souhaitant pas visiter Zonza et Quenza pourront opter pour le chemin direct vers Serra di Scopamena.

Jour 4: Quenza – Serra di Scopamena (4:30 h., 660 m d'ascension, 650 m de descente)
Depuis Quenza, direction le maquis vers les bergeries de Lavu Donacu, puis cap vers le Sud vers Serra di Scopamena.

Jour 5: Serra di Scopamena – Sainte-Lucie di Tallano (6 h., 730 m d'ascension, 1130 m de descente)
Vous passerez devant les ruines d'un tout petit village, puis direction Campu où se trouve un vieux moulin près d'un ruisseau rénové par la direction du parc naturel. Sainte-Lucie est un village de montagne très intéressant avec ses maisons en granit. Il est connu pour son ancien cloître, sa tour du 15e siècle et son musée sur l'huile d'olive.

Jour 6: Sainte-Lucie de Tallano – Burgo (6 h., 680 m d'ascension, 950 m de descente) – Propriano (2 h., 20 m d'ascension, 190 m de descente)
Derrière la chapelle de style romain (12e siècle), le chemin descend dans la forêt ombragée de chênes en direction de Pont de Piombatu, où vous traverserez le Rizzanese . Les destinations suivantes: Loreto-di-Tallano et les ruines d'Altanaria. Sur le chemin, vous traverserez Fozzano, un lieu typique de l'Alta Rocca avec avec des demeures fortifiés. Fin de la randonnée à Burgo où vous pourrez ensuite prendre un taxi pour rejoindre la côte et Propriano.

Le Sentier des Bruzzi sur la côte Sud-ouest intacte de la Corse

Point de départ: Parking pour la randonnée accessible depuis Pianotolli-Caldarello et l'accès à deux campings (Le Damier et Kevano). **Longueur:** 4 km | **Temps de parcours:** 1:30–2 h. | **Caractéristiques:** Randonnée facile sur un chemin balisé | **Reportage photo:** www.photovoyage.org/corse/bruzzi.php

Tout au Sud-ouest de la Corse, entre Roccapina et Bonifacio, vous trouverez une partie de littoral entièrement intacte et pourrez en admirer la beauté depuis le sentier balisé. Au large de la côte se situent les Îles Bruzzi (accès interdit) abritant de nombreux cormorans. Le paysage se compose d'une mosaïque de prés, plantes résistantes à l'eau de mer, maquis et falaises effritées de couleur rougeâtre. Les tafonis très étranges abritent et protègent de nombreux animaux. Pendant que vous marcherez, vous pourrez observer les mouettes et cormorans, les lézards, geckos et tortues. Dans le maquis, vous contemplerez les plantes de bruyère, fraisiers et genévriers phéniciens. le chemin mène à plusieurs criques et plages magnifiques dans lesquelles vous pourrez vous baigner et faire de la plongée. Depuis le parking, vous pourrez aussi opter pour un vieux chemin de pierre qui vous permettra d'avoir une vue splendide sur la Pointe des Bruzzi. Le chemin de pierre tourne ensuite vers la droite. Il faut compter 1 km jusqu'à la bifurcation. Vous longerez un mur en pierre vers l'Anse d'Arbitu et sa plage magnifique. Puis, le chemin suit le rivage au beau milieu des genévriers et mastix. La plage de sable de corail fait partie des points forts de l'itinéraire. Après 100 m, un panneau vous aidera à vous orienter. Puis, en route vers la petite baie suivante avec ses falaises étranges. Et retour au parking après avoir longé quelques falaises. Puis direction Nord pour rejoindre le parking.

Golfe de Figari: Eau limpide et Tafoni / Der Golfe de Figari: Klares Wasser und Tafoni

Dans la gorge de Richiusa au Nord de Bocognano / In der Richiusa-Schlucht

Service et conseils pratiques

La Corse est un endroit idéal pour naviguer / Korsika ist ein beliebtes Segelrevier

Pour rejoindre le Sud de la Corse, optez pour un vol vers Ajaccio ou Olbia au Nord de la Sardaigne. Depuis le Nord et l'Ouest de l'Allemagne, ou la Romandie , vous pourrez rejoindre la côte d'Azur et prendre le bateau dans un port (Marseille, Nice ou Toulon). Toutes les autres traversées en bateau partent des ports italiens de Livorno, Savona, Piombino ou Gênes.

Les ports d'Ajaccio, Propriano et Porto-Vecchio sont desservis en bateau depuis la France métropolitaine. Les autoroutes ne sont pas sans danger en Corse, car il s'agit principalement de routes de montagne, souvent très étroites, en pente et parfois, sans terre-plein central. Mais, d'un autre côté, il est très compliqué de ne circuler sur l'île qu'avec les moyens de transport publiques. Evitez de conduire la nuit dans tous les cas.

Le long de la côte, le bateau est une alternative intéressante à la voiture, comme par exemple entre Porto-Vecchio et Bonifacio.

L'île sur la toile

Les personnes à la recherche d'informations sur la toile pourront trouver quelques sélections intéressantes:

Le comité régional du tourisme de la Corse
donne des informations sur les paysages, les arts, les activités et les possibilités de divertissement.
www.visit-corsica.com

Paradisu
Martin Lendi raconte en détail ses expériences et voyages, et propose un guide en ligne très complet (405 pages).
www.paradisu.com

Korsika.fr – Le magazine de voyage virtuel
Page privée qui donne des informations très complètes sur l'île.
www.korsika.fr

Corse Web
Informations détaillées.
www.corsica.net

Costa Serena
www.corsica-costaserena.com

Oriente
www.oriente-corsica.com

Sartenais – Valinco – Taravo
www.lacorsedesorigines.com

Arrivées en bateau

A Pâques, la Pentecôte et en plein été, les passagers en voiture devront réserver à l'avance leurs places.

Corsica Ferries
Ajaccio: au départ de Marseille et Toulon
Bastia: au départ de Livorno, Savona, Nice et Toulon
Calvi: au départ de Savona et Nice
Île Rousse: au départ de Savona, Nice et Toulon
www.corsicaferries.com

Moby Lines
Bastia: au départ de Livorno, Nice et Gênes
Bonifacio: au départ de Santa Teresa di Gallura (Sardaigne)
www.mobylines.de

Maritima Ferries
Ajaccio: au départ de Marseille
Bastia: au départ de Marseille
Île Rousse: au départ de Marseille
Porto-Vecchio: au départ de Marseille
Propriano: au départ de Marseille
www.maritima-ferries.eu

La Méridionale
Ajaccio: au départ de Marseille
Bastia: au départ de Marseille
Propriano: au départ de Porto Torres (Sardaigne) et Marseille
www.lameridionale.fr

Plongée

Les eaux corses sont idéales pour la plongée. En été, la visibilité est comprise entre 20 et 45 m, et les températures de l'eau très agréables.

Plongée en Corse du Sud
Dans le Sud, des sorties de plongée sont proposées depuis Ajaccio dans le Golfe d'Ajaccio, Cargèse, Conca, Porticcio, Propriano, Solenzana et Bonifacio (Îles Lavezzi).
www.portovecchioplongee.fr
www.plongee-nature.fr
http://pianottoli-diving.com

Voile

Avec son littoral très long, ses nombreuses anses de petite et grande taille et son paysage fascinant, la Corse est idéal pour la navigation.

★ KOMPASS HIGHLIGHT

Petit train d'Ajaccio à Bastia
La topographie de la Corse a empêché jusqu'au 19e siècle la construction de routes depuis la côte vers l'arrière-pays et les montagnes. Tous les éléments et équipements indispensables étaient portés ou transportés par mules dans les villages de montagne. Il a donc été décidé en 1888 de construire une ligne de chemin de fer pour rejoindre le Nord et le Sud de la Corse. Le réseau créé est un vrai chef d'oeuvre technique. En 1894, la ligne Bastia – Ajaccio a été inaugurée. 158 km de voie avec 40 tunnels et un viaduc de 140 m de longueur et 80 m de hauteur construits selon les plans du célèbre Gustave Eiffel. Dès 1890, la partie Sud-ouest de 73 km a été inaugurée entre Ponte Leccia et Calvi. La liaison Nord-Sud est très intéressante pour les randonneurs: A Vizzavona, le GR20 rencontre la voie ferrée. Le voyage en train permet de découvrir les paysages magnifiques de l'île: Des courbes étroites, des falaises abruptes, des baies magnifiques, des chutes d'eau – et ce ne sont que quelques exemples des découvertes à faire le long de la voie ferrée. Le trajet Ajaccio-Bastia dure 4 heures. Pour plus d'informations sur l'histoire, des photos et autres, rendez-vous sur le site du train.
www.train-corse.com

Système d'information de navigation européen ESYS
www.esys.org

Lieux de A à Z

v. = verso; r. = recto

Ajaccio (carte 1, v., B 5)
www.ajaccio-tourisme.com

Aléria (carte 3, v., D 1/2)
www.aleria-corse.fr

Bonifacio (carte 2, r., B 8)
www.bonifacio.fr

Cargèse (carte 1, v., A 1)
www.corsica.net/cargese

Porto-Vecchio (carte 2, r., C 4)
www.ot-portovecchio.com

Porticcio (carte 1, v., C 6)
www.porticcio-corsica.com

Sainte Lucie de Porto-Vecchio
(carte 2, r., D 2) www.zonza-saintelucie.com

Sainte-Lucie-de-Tallano (carte 2, v., D 2)
www.sainteluciedetallano.com

Sartène (Karte 2, VS, C/D 3/4)
www.annuaire-mairie.fr/arrondissement-sartene.html

Solenzara (carte 3, v., C 6)
www.cotedesnacres.com

Impressum
Mentions légales

© 2016 KOMPASS-Karten GmbH (16.02)
Karl-Kapferer-Straße 5
6020 Innsbruck, Österreich
Verlagsnummer 2251
ISBN 978-3-85026-853-0

© 2016 KOMPASS-Karten GmbH (16.02)
Karl-Kapferer-Straße 5
6020 Innsbruck, Autriche
Numéro d'édition 2251
ISBN 978-3-85026-853-0

Titelbild Karte:
Photo en couverture de la carte:
Karte 1: Cargèse, Église latine (Foto: Thomas & Ursula Schmidt)
Carte 1: Cargèse, Église latine (Photo: Thomas & Ursula Schmidt)
Karte 2: Bonifacio (Foto: Benno Hoff © www.fotolia.de)
Carte 2: Bonifacio (Photo: Benno Hoff © www.fotolia.de)
Karte 3: Bogenbrücke im Osten der Insel (Foto: Dietmar Meinert/Pixelio.de)
Carte 3: Les ponts en arc à l'Est de l'île (Photo: Dietmar Meinert/Pixelio.de)

Titelbild Aktiv Guide:
Photo en couverture du Guide Actif:
Eine von vielen Buchten an der Südwestküste/L'une des nombreuses anses de la côte Sud-ouest (Thomas & Ursula Schmidt)

Jürgen Butz/Pixelio.de: S./p. 55; Coco/Fotolia.com: S./p. 23; Peter Heinricht/Pixelio.de: S./p. 3, 9, 33, 39; Macrodepecher/Pixelio.de: S./p. 18, 48; Mattei/Fotolia.com: S./p. 19, 49; Dietmar Meinert/Pixelio.de: S./p. 4, 10, 12, 34, 40, 42; Paty/Fotolia.com: S./p. 26, 56; Thomas & Ursula Schmidt: S./p. 6, 11, 15, 16, 20-21, 27, 28, 32, 36, 41, 45, 46, 50-51, 52, 57, 58; Joachim & Ute Schramm: 30, 60.

Text/Texte: Raphaela Moczynski

Information für Karte und Führer
Alle Angaben und Routenbeschreibungen wurden nach bestem Wissen gemäß unserer derzeitigen Informationslage gemacht. Die Wanderungen wurden sehr sorgfältig ausgewählt und beschrieben, Schwierigkeiten werden im Text kurz angegeben. Es können jedoch Änderungen an Wegen und im aktuellen Naturzustand eintreten. Wanderer und Kartenbenützer müssen darauf achten, dass aufgrund ständiger Veränderungen die Wegzustände bezüglich Begehbarkeit sich nicht mit den Angaben in der Karte decken müssen. Bei der großen Fülle des bearbeiteten Materials sind daher vereinzelte Fehler und Unstimmigkeiten nicht vermeidbar. Die Verwendung dieses Führers erfolgt ausschließlich auf eigenes Risiko und auf eigene Gefahr, somit eigenverantwortlich. Eine Haftung für etwaige Unfälle oder Schäden jeder Art wird daher nicht übernommen.

Informations sur la carte et le guide
L'objectif de ce guide est de diffuser dans la mesure du possible des informations exactes et d'actualité. Le guide a apporté le plus grand soin à choisir et décrire les randonnées. Des passages dangereux sont mentionnés dans les textes. Néanmoins des changements naturels ainsi que des modifications apportées aux tracés des itinéraires de randonnée peuvent se produire. Pour cette raison, les randonneurs et les utilisateurs de la carte doivent se rendre compte que les informations sur les sentiers peuvent différer de l'état actuel des sentiers. Vu la quantité énorme des matériaux, ce guide peut contenir des inexactitudes techniques ou des erreurs typographiques. L'utilisateur assume tous les risques d'utilisation. Aucune responsabilité n'incombe à l'éditeur du guide en cas des accidents et des dommages directs et indirects.